Made in the USA
Middletown, DE
03 January 2021

30678379R00073